Impressum
Verlag: BABADADA GmbH, Nedderfeld 112 , 22529 Hamburg
Geschäftsführer / Verlagsleitung: Harald Hof
Druck: Books on Demand GmbH, In de Tarpen 42, 22848 Norderstedt

Imprint
Publisher: BABADADA GmbH, Nedderfeld 112 , 22529 Hamburg, Germany
Managing Director / Publishing direction: Harald Hof
Print: Books on Demand GmbH, In de Tarpen 42, 22848 Norderstedt, Germany

# escuela
# Šola

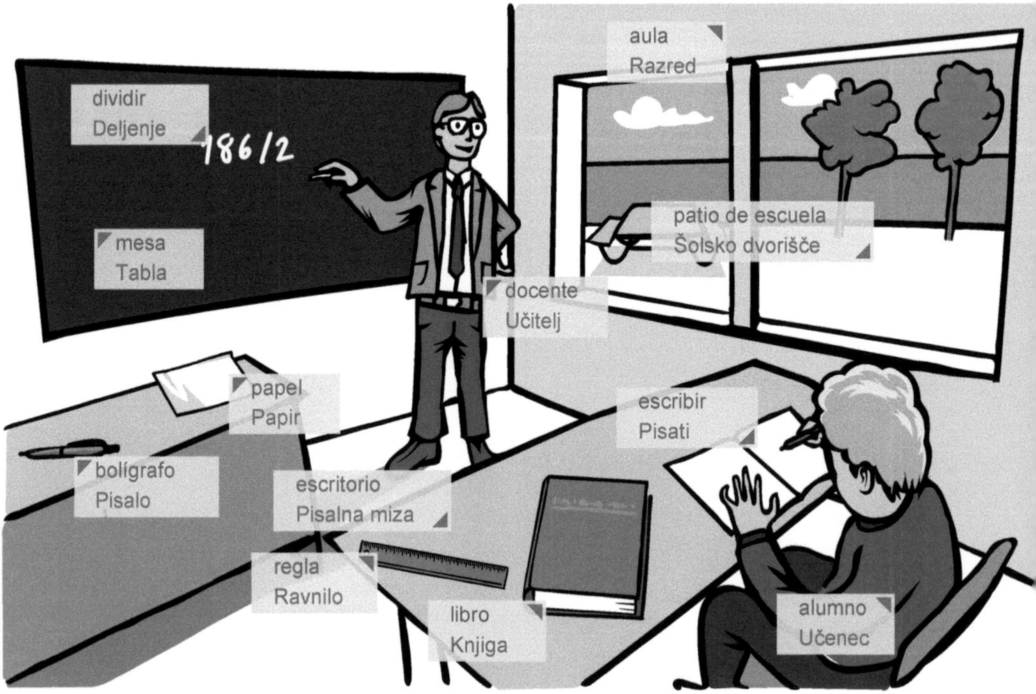

aula
Razred
dividir
Deljenje
186/2
patio de escuela
Šolsko dvorišče
mesa
Tabla
docente
Učitelj
papel
Papir
escribir
Pisati
bolígrafo
Pisalo
escritorio
Pisalna miza
regla
Ravnilo
libro
Knjiga
alumno
Učenec


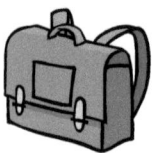

mochila escolar

Šolska torba

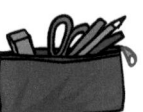

caja de lápices

Peresnica

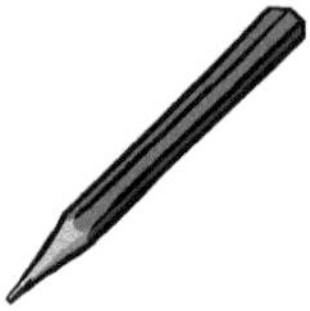

lápiz

Svinčnik

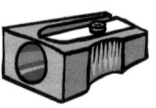

sacapuntas

Šilček

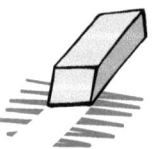

goma de borrar

Radirka

bloc de dibujo

Risalni blok

dibujo

Risba

pincel

Čopič

caja de pinturas

Vodene barvice

tijera

Škarje

pegamento

Lepilo

libro de ejercicios

Zvezek

tarea

Domača naloga

número

Število

sumar

Seštevanje

restar

Odštevanje

multiplicar

Množenje

calcular

Računanje

letra

Črka

ABCDEFG
HIJKLMN
OPQRSTU
VWXYZ

alfabeto

Abeceda

palabra

Beseda

texto

Besedilo

leer

Brati

tiza

Kreda

lección

Učna ura

libro de clase

Redovalnica

examen

Preizkus znanja

certificado

Spričevalo

uniforme escolar

Šolska uniforma

educación

Izobrazba

enciclopedia

Enciklopedija

universidad

Univerza

microscopio

Mikroskop

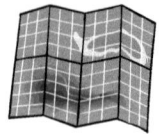

mapa

Zemljevid

cesto de papeles

Koš za smeti

# viaje
## Potovanje

hotel
Hotel
Grand
albergue
Hostel
ROOMS
casa de cambio
Menjalnica
maleta
Kovček
auto
Avtomobil

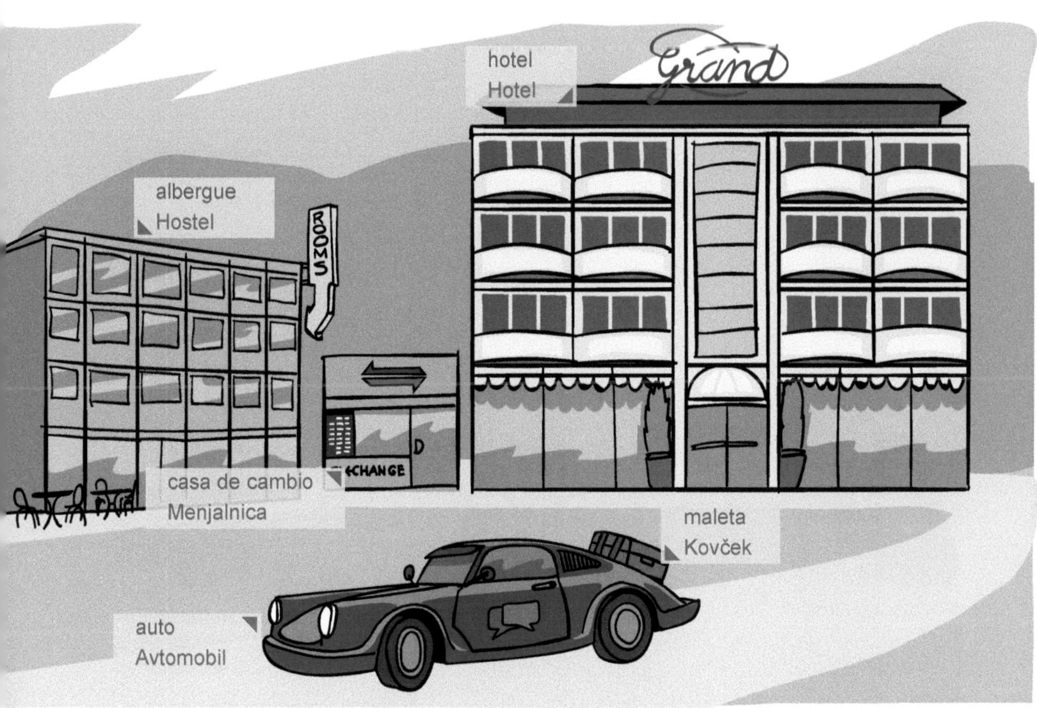

idioma
..................
Jezik

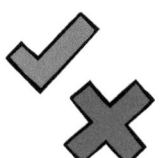

sí / no
..................
da / ne

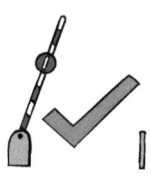

ok
..................
Prav

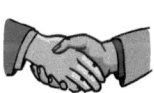

hola
..................
Pozdravljeni

intérprete
..................
Prevajalec

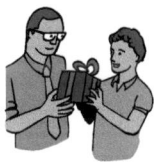

gracias
..................
Hvala

¿Cuánto cuesta...?

Koliko stane...?

No entiendo

Ne razumem

problema

Težava

¡Buenas tardes!

Dober večer!

¡Buenos días!

Dobro jutro!

¡Buenas noches!

Lahko noč!

adiós

Nasvidenje

dirección

Smer

equipaje

Prtljaga

bolso

Torba

mochila

Nahrbtnik

invitado

Gost

cuarto

Soba

saco de dormir

Spalna vreča

tienda de campaña

Šotor

información al turista

Turistične informacije

playa

Plaža

tarjeta de crédito

Kreditna kartica

desayuno

Zajtrk

almuerzo

Kosilo

cena

Večerja

pasaje

Vozovnica

ascensor

Dvigalo

sello

Znamka

límite

Meja

aduana

Carina

embajada

Veleposlaništvo

visa

Vizum

pasaporte

Potni list

# transporte
# Prevoz

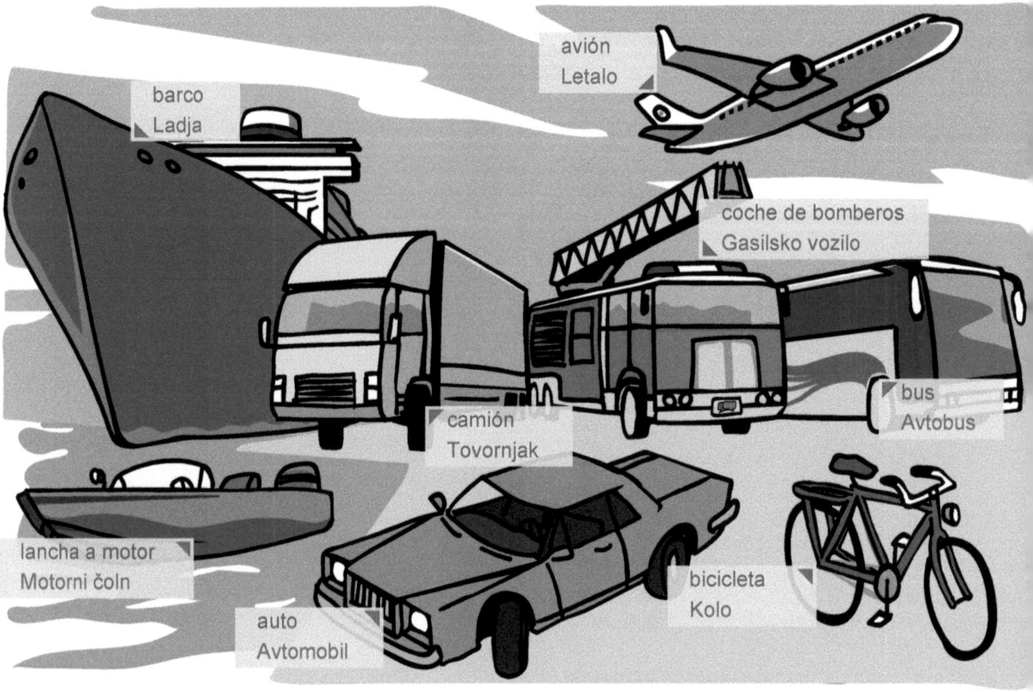

avión
Letalo
barco
Ladja
coche de bomberos
Gasilsko vozilo
bus
Avtobus
camión
Tovornjak
lancha a motor
Motorni čoln
bicicleta
Kolo
auto
Avtomobil


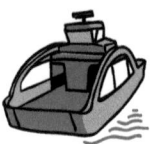

balsa

Trajekt

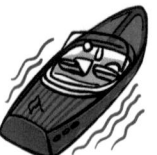

lancha

Čoln

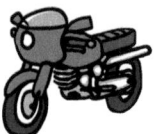

motocicleta

Motorno kolo

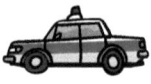

auto de policía

Policijski avto

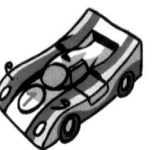

auto de carreras

Dirkalni avto

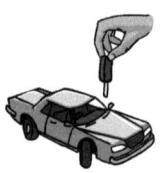

auto de alquiler

Najeto vozilo

alquiler de autos

Souporaba avtomobila

grúa

Avtovleka

vehículo recolector de basura

Smetarsko vozilo

motor

Motor

gasolina

Gorivo

gasolinera

Bencinska postaja

señal de tráfico

Prometni znak

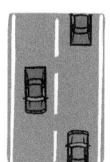

tránsito

Promet

atasco

Zastoj

estacionamiento

Parkirišče

estación de tren

Železniška postaja

carril

Tirnice

tren

Vlak

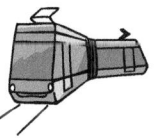

tranvía

Tramvaj

vagón

Vagon

helicóptero
Helikopter

aeropuerto
Letališče

torre
Stolp

pasajero
Potnik

contenedor
Kontejner

caja de cartón
Karton

carro
Voziček

cesta
Košara

despegar / aterrizar
vzleteti / pristati

## ciudad
## Mesto

aldea
Vas

centro de la ciudad
Mestno jedro

casa
Hiša

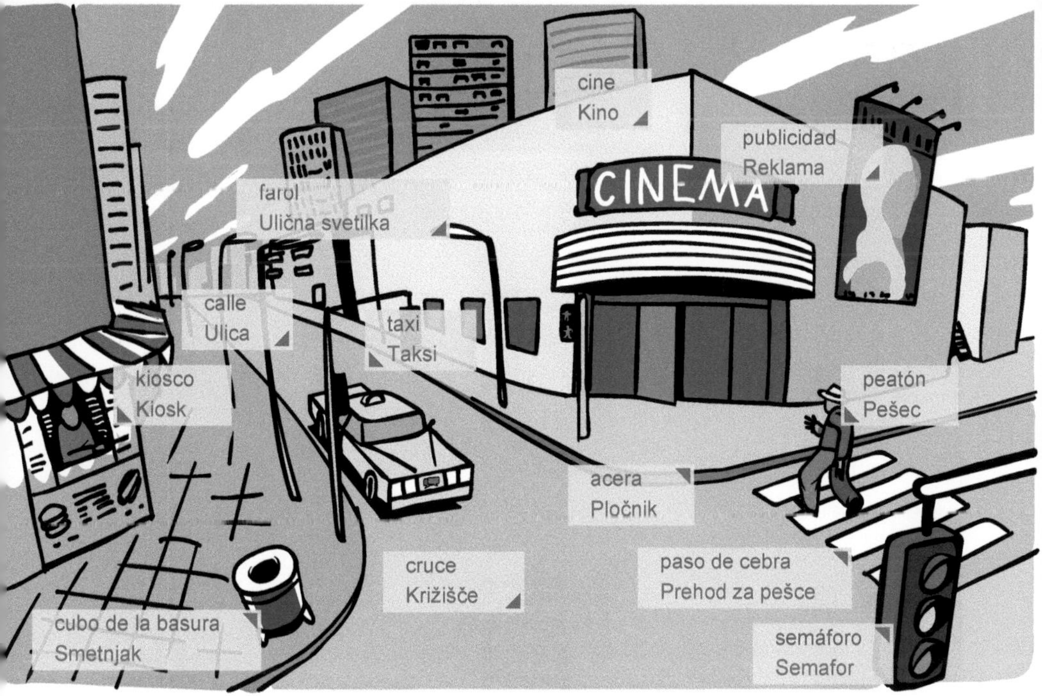

cine
Kino

publicidad
Reklama

farol
Ulična svetilka

calle
Ulica

taxi
Taksi

kiosco
Kiosk

peatón
Pešec

acera
Pločnik

cruce
Križišče

paso de cebra
Prehod za pešce

cubo de la basura
Smetnjak

semáforo
Semafor

CINEMA

cabaña
..................
Koča

apartamento
..................
Stanovanje

estación de tren
..................
Železniška postaja

ayuntamiento
..................
Mestna hiša

museo
..................
Muzej

escuela
..................
Šola

universidad

Univerza

banco

Banka

hospital

Bolnišnica

hotel

Hotel

farmacia

Lekarna

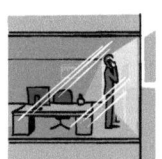

oficina

Pisarna

librería

Knjigarna

negocio

Trgovina

florería

Cvetličarna

supermercado

Supermarket

mercado

Tržnica

grandes almacenes

Veleblagovnica

pescadería

Ribarnica

centro comercial

Nakupovalno središče

puerto

Pristanišče

parque

Park

banco

Klop

puente

Most

escalera

Stopnice

metro

Podzemna železnica

túnel

Predor

parada de autobuses

Avtobusno postajališče

bar

Bar

restaurante

Restavracija

buzón de correo

Poštni nabiralnik

letrero

Ulična tabla

parquímetro

Parkirna ura

zoológico

Živalski vrt

piscina

Kopališče

mezquita

Mošeja

granja

Kmetija

polución

Onesnaževanje

cementerio

Pokopališče

iglesia

Cerkev

parque infantil

Otroško igrišče

templo

Tempelj

# paisaje
# Pokrajina

hoja
List

indicador de camino
Kažipot

sendero
Pot

pradera
Travnik

piedra
Kamen

árbol
Drevo

caminante
Pohodnik

río
Reka

pasto
Trava

flor
Cvetlica

valle
Dolina

montaña
Hrib

lago
Jezero

bosque
Gozd

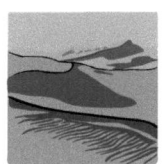

desierto
Puščava

volcán
Vulkan

castillo
Grad

arco iris
Mavrica

seta
Goba

palmera
Palma

mosquito
Komar

mosca
Muha

hormiga
Mravlja

abeja
Čebela

araña
Pajek

escarabajo

Hrošč

rana

Žaba

ardilla

Veverica

erizo

Jež

liebre

Zajec

lechuza

Sova

pájaro

Ptič

cisne

Labod

jabalí

Divji prašič

ciervo

Jelen

alce

Los

embalse

Jez

aerogenerador

Vetrnica

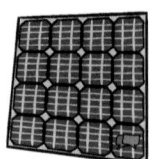

módulo solar

Solarna plošča

clima

Podnebje

# restaurante
# Restavracija

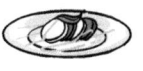

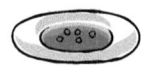

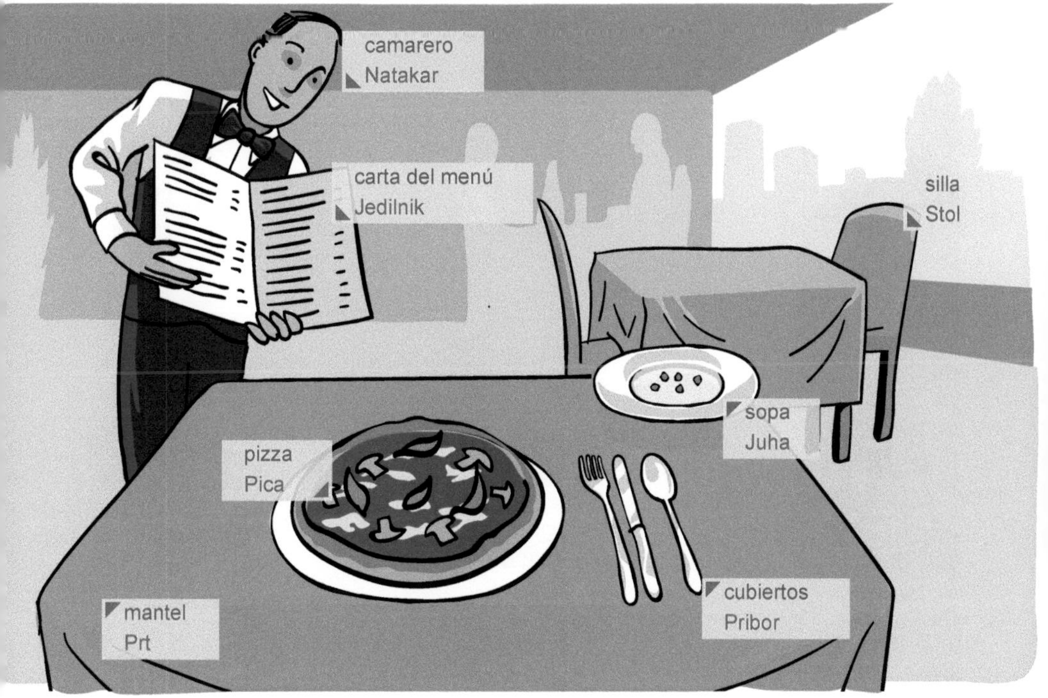

camarero
Natakar
carta del menú
Jedilnik
silla
Stol
sopa
Juha
pizza
Pica
cubiertos
Pribor
mantel
Prt


entrada

Predjed

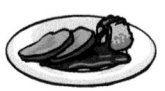

plato principal

Glavna jed

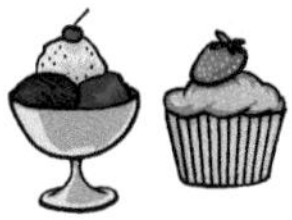

postre

Sladica

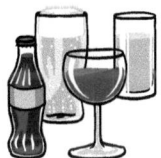

bebida

Pijače

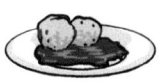

comida

Hrana

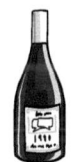

botella

Steklenica

comida rápida
Hitra hrana

comida callejera
Ulična hrana

tetera
Čajnik

azucarera
Sladkornica

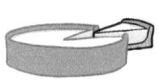

porción
Porcija

máquina de espresso
Aparat za espresso

silla alta
Stolček za hranjenje

factura
Račun

bandeja
Pladenj

cuchillo
Nož

tenedor
Vilica

cuchara
Žlica

cuchara de té
Čajna žlička

servilleta
Servieta

vaso
Kozarec

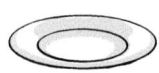

plato

Krožnik

plato de sopa

Globoki krožnik

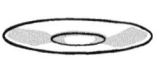

platillo

Krožniček

salsa

Omaka

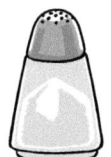

salero

Solnica

molinillo para pimienta

Mlinček za poper

vinagre

Kis

aceite

Olje

especias

Začimbe

ketchup

Kečap

mostaza

Gorčica

mayonesa

Majoneza

# supermercado
# Supermarket

oferta
Posebna ponudba
FOR
cliente
Stranka
productos lácteos
Mlečni izdelki
fruta
Sadje
carrito de compras
Nakupovalni voziček


BUTCHERS


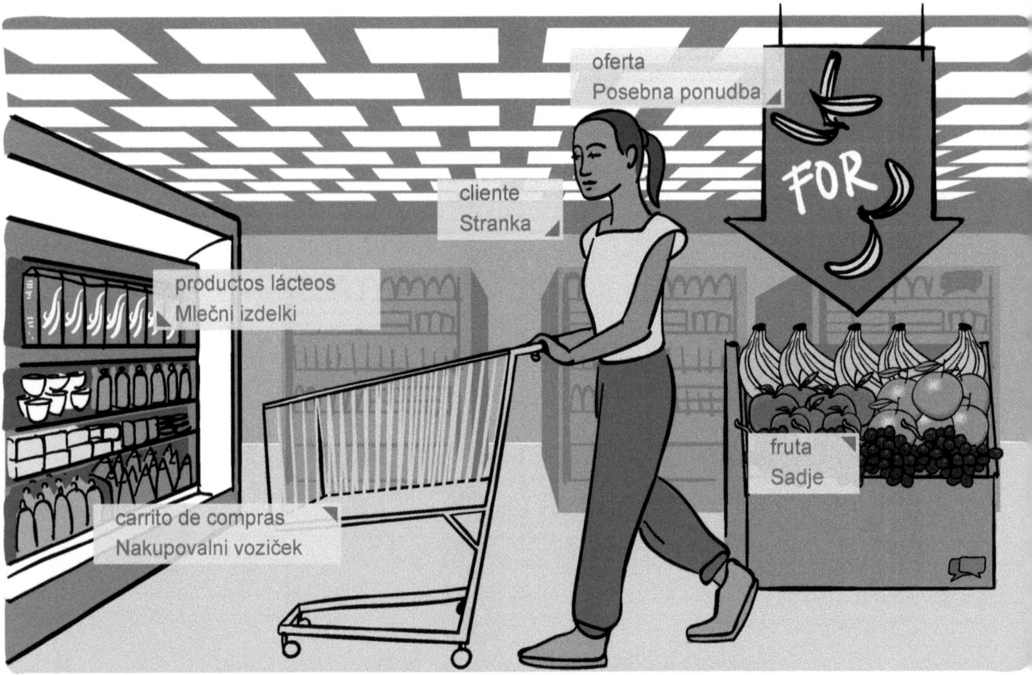

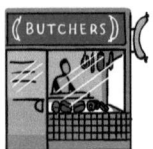

carnicería

Mesnica

BAKERY


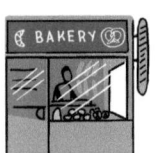

panadería

Pekarna

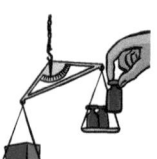

pesar

Tehtati

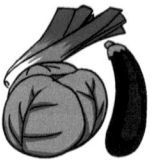

verdura

Zelenjava

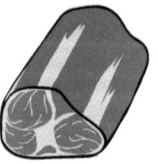

carne

Meso

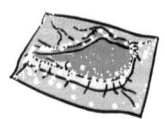

alimentos congelados

Zamrznjena hrana

fiambre

Hladne mesnine

conscrvas

Konzerve

detergente en polvo

Pralni prašek

dulces

Sladkarije

artículos domésticos

Gospodinjski izdelki

productos de limpieza

Čistilno sredstvo

vendedora

Prodajalka

caja

Blagajna

cajero

Blagajnik

lista de compras

Nakupovalni seznam

horario de atención

Delovni čas

cartera

Denarnica

tarjeta de crédito

Kreditna kartica

maleta

Torba

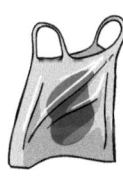

bolsa plástica

Plastična vrečka

agua

Voda

jugo

Sok

leche

Mleko

refresco de cola

Kola

vino

Vino

cerveza

Pivo

alcohol

Alkohol

cacao

Kakav

té

Čaj

café

Kava

espresso

Espresso

cappuccino

Kapučino

banana

Banana

manzana

Jabolko

naranja

Pomaranča

sandía

Lubenica

limón

Limona

zanahoria

Korenje

ajo

Česen

bambú

Bambus

cebolla

Čebula

seta

Goba

nueces

Oreščki

fideos

Rezanci

espagueti

Špageti

arroz

Riž

ensalada

Solata

patatas fritas

Ocvrt krompirček

patatas salteadas

Pečen krompir

pizza

Pica

hamburguesa

Hamburger

sándwich

Sendvič

escalope

Zrezek

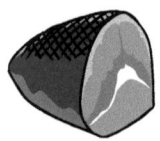

jamón

Šunka

salame

Salama

embutido

Klobasa

pollo

Piščanec

asado

Pečenka

pescado

Riba

copos de avena

Ovseni kosmiči

musli

Musli

copos de maíz tostado

Koruzni kosmiči

harina

Moka

croissant

Rogljiček

panecillo

Žemlja

pan

Kruh

tostada

Prepečenec

galletas

Piškoti

mantequilla

Maslo

cuajada

Skuta

pastel

Torta

huevo

Jajce

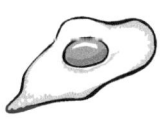

huevo frito

Pečeno jajce na oko

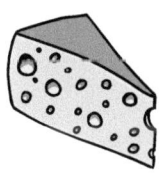

queso

Sir

helado

Sladoled

azúcar

Sladkor

miel

Med

mermelada

Marmelada

praliné

Čokoladni namaz

curry

Kari

# granja
# Kmetija

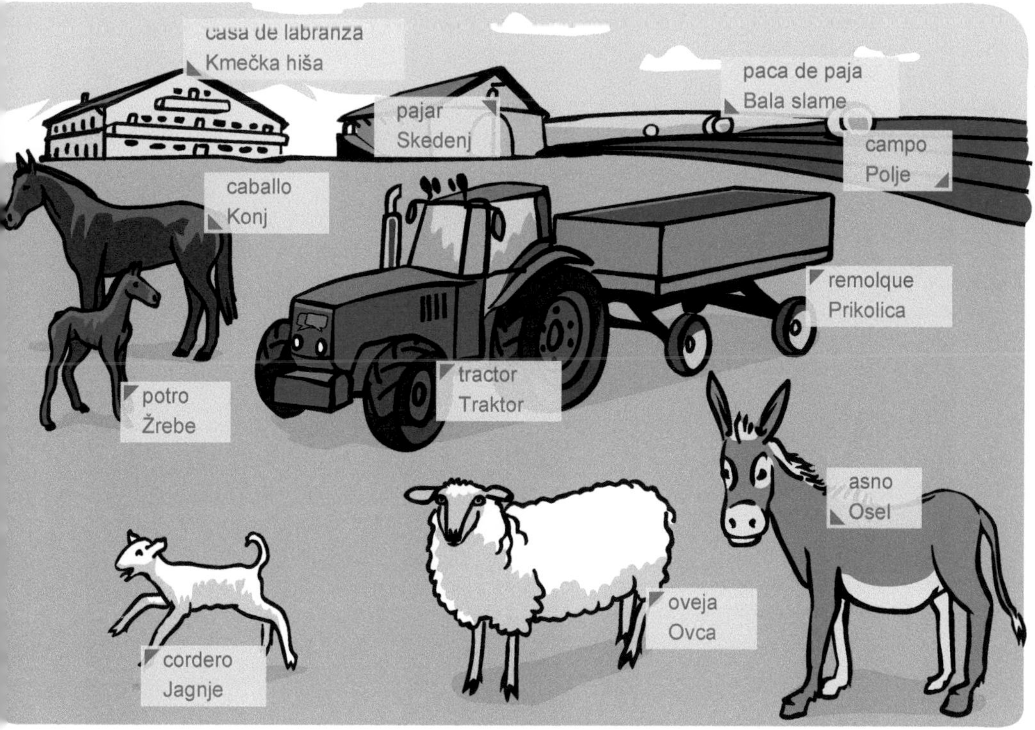

casa de labranza
Kmečka hiša
pajar
Skedenj
paca de paja
Bala slame
campo
Polje
caballo
Konj
remolque
Prikolica
tractor
Traktor
potro
Žrebe
asno
Osel
oveja
Ovca
cordero
Jagnje


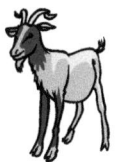

cabra

Koza

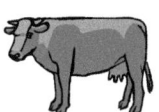

vaca

Krava

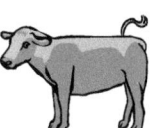

ternero

Tele

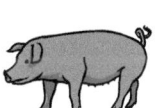

cerdo

Prašič

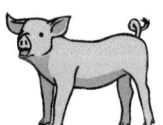

lechón

Pujsek

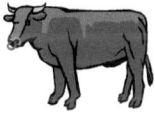

toro

Bik

ganso

Gos

pato

Raca

polluelo

Piščanec

pollo

Kokoš

gallo

Petelin

rata

Podgana

gato

Mačka

ratón

Miš

buey

Vol

perro

Pes

caseta del perro

Pasja uta

manguera de riego

Cev za zalivanje

regadera

Kangla za zalivanje

guadaña

Kosa

arado

Plug

hoz

Srp

azada

Motika

bieldo

Vile

hacha

Sekira

carretilla

Samokolnica

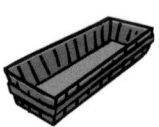

abrevadero

Korito

lechera

Kangla za mleko

saco

Vreča

cerca

Ograja

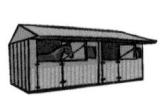

establo

Hlev

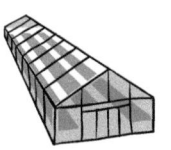

invernadero

Rastlinjak

suelo

Prst

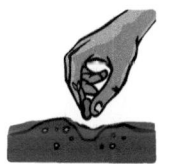

semilla

Seme

fertilizante

Gnojilo

cosechadora

Kombajn

cosechar

Žeti

cosecha

Žetev

raíz de ñame

Jam

trigo

Pšenica

soja

Soja

patata

Krompir

maíz

Koruza

colza

Oljna ogrščica

Árbol frutal

Sadno drevo

mandioca

Maniok

cereales

Žito

# casa
# Hiša

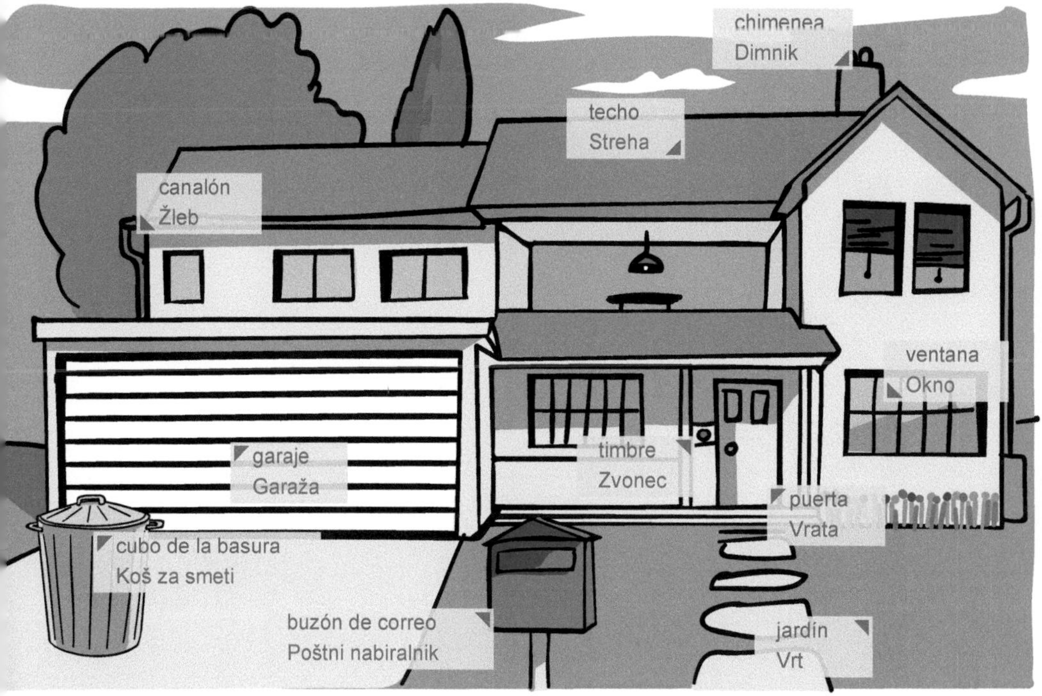
chimenea
Dimnik
techo
Streha
canalón
Žleb
ventana
Okno
garaje
Garaža
timbre
Zvonec
puerta
Vrata
cubo de la basura
Koš za smeti
buzón de correo
Poštni nabiralnik
jardín
Vrt

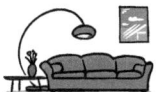

cuarto de estar

Dnevna soba

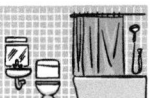

cuarto de baño

Kopalnica

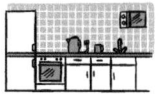

cocina

Kuhinja

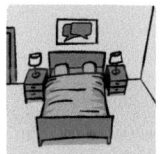

dormitorio

Spalnica

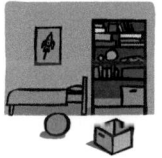

cuarto de los niños

Otroška soba

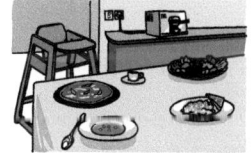

comedor

Jedilnica

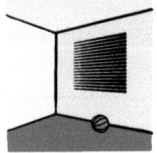

piso

Tla

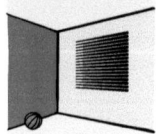

pared

Stena

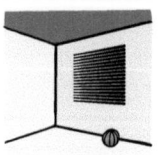

cielorraso

Strop

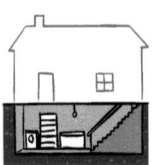

sótano

Klet

sauna

Savna

balcón

Balkon

terraza

Terasa

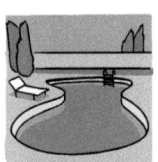

piscina

Bazen

cortacésped

Kosilnica

funda nórdica

Rjuha

edredón

Posteljno pregrinjalo

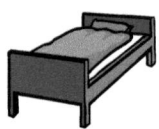

cama

Postelja

escoba

Metla

cubo

Vedro

interruptor

Stikalo

# cuarto de estar

# Dnevna soba

papel para empapelar
Tapeta
imagen
Slika
lámpara
Svetilka
estante
Polica
gabinete
Omara
televisor
Televizor
hogar
Kamin
flor
Cvetlica
cojín
Blazina
sofá
Zofa
florero
Vaza
control remoto
Daljinski upravljalnik


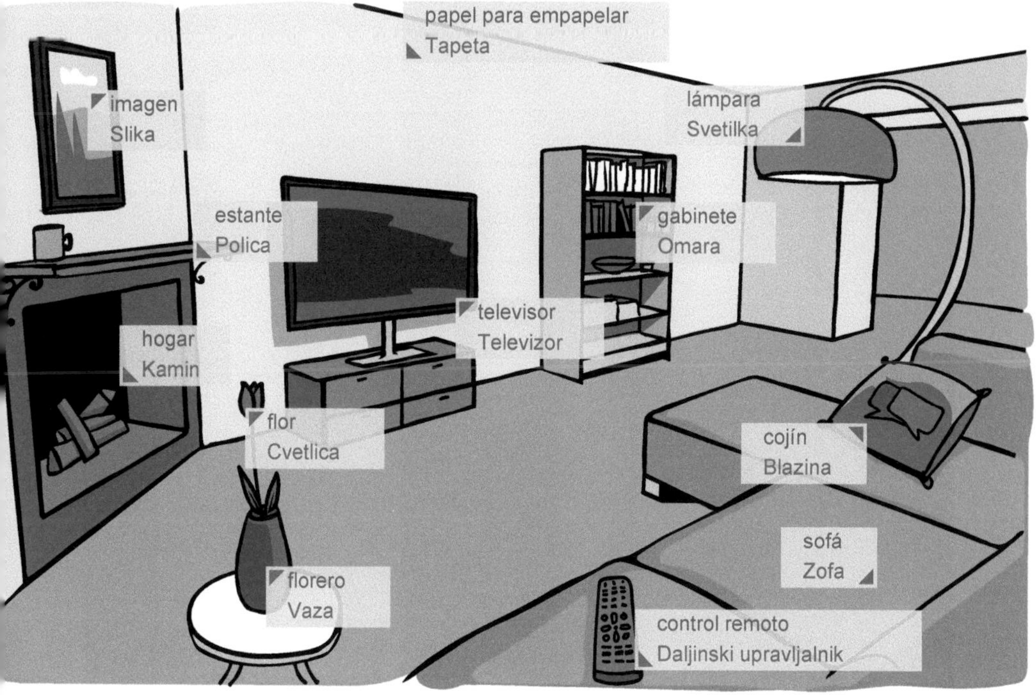

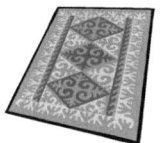

alfombra

Preproga

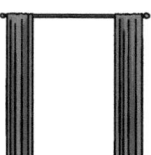

cortina

Zavesa

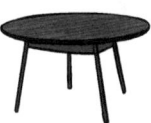

mesa

Miza

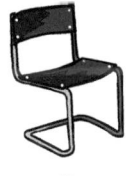

silla

Stol

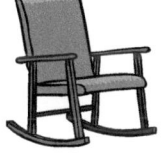

mecedora

Gugalnik

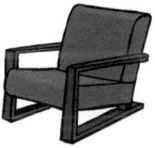

sillón

Naslanjač

libro
Knjiga

frazada
Odeja

decoración
Dekoracija

leña
Drva

film
Film

equipo estereofónico
Glasbeni stolp

llave
Ključ

periódico
Časopis

cuadro
Slika

póster
Plakat

radio
Radio

bloc de notas
Beležka

aspiradora
Sesalnik

cactus
Kaktus

vela
Sveča

# cocina
# Kuhinja

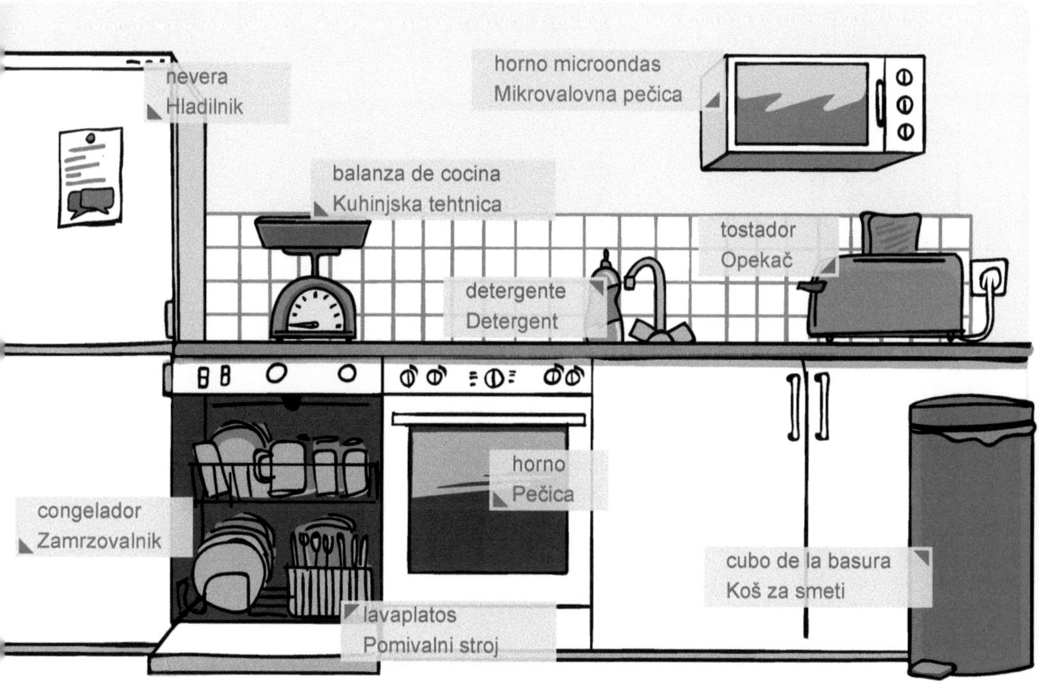
nevera
Hladilnik
horno microondas
Mikrovalovna pečica
balanza de cocina
Kuhinjska tehtnica
tostador
Opekač
detergente
Detergent
horno
Pečica
congelador
Zamrzovalnik
cubo de la basura
Koš za smeti
lavaplatos
Pomivalni stroj

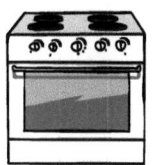

cocina

Kozica

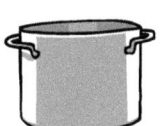

olla

Lonec

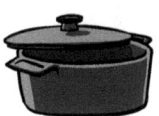

olla de fundición de hierro

Litoželezni lonec

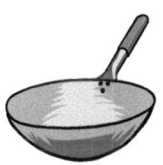

wok / kadai

Vok / kadai

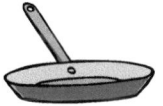

sartén

Ponev

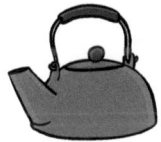

hervidor de agua

Kotliček

olla de vapor

Parni kuhalnik

bandeja de horno

Pekač

vajilla

Posoda

vaso

Skodelica

bol

Skleda

palillos para comer

Jedilne paličice

cucharón de sopa

Zajemalka

espátula

Lopatica

batidor

Metlica

colador

Cedilnik

cedazo

Cedilo

rallador

Strgalo

mortero

Možnar

parrillada

Žar

fogata

Ognjišče

tabla de picar

Deska za rezanje

rodillo

Valjar

sacacorchos

Odpirač za steklenice

lata

Pločevinka

abrelatas

Odpirač za konzerve

agarrador

Prijemalka za posodo

fregadero

Korito

cepillo

Ščetka

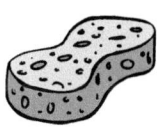

esponja

Goba

batidora

Mešalnik

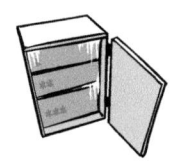

arcón congelador

Zamrzovalna skrinja

biberón

Steklenička

grifo

Pipa

# cuarto de baño

# Kopalnica

ducha
Prha
calefacción
Ogrevanje
toalla
Brisača
cortina para ducha
Zavesa za prho
baño de espuma
Peneča kopel
bañera
Kopalna kad
vaso
Kozarec
lavadora
Pralni stroj
grifo
Pipa
baldosa
Ploščice
orinal
Kahlica
fregadero
Korito

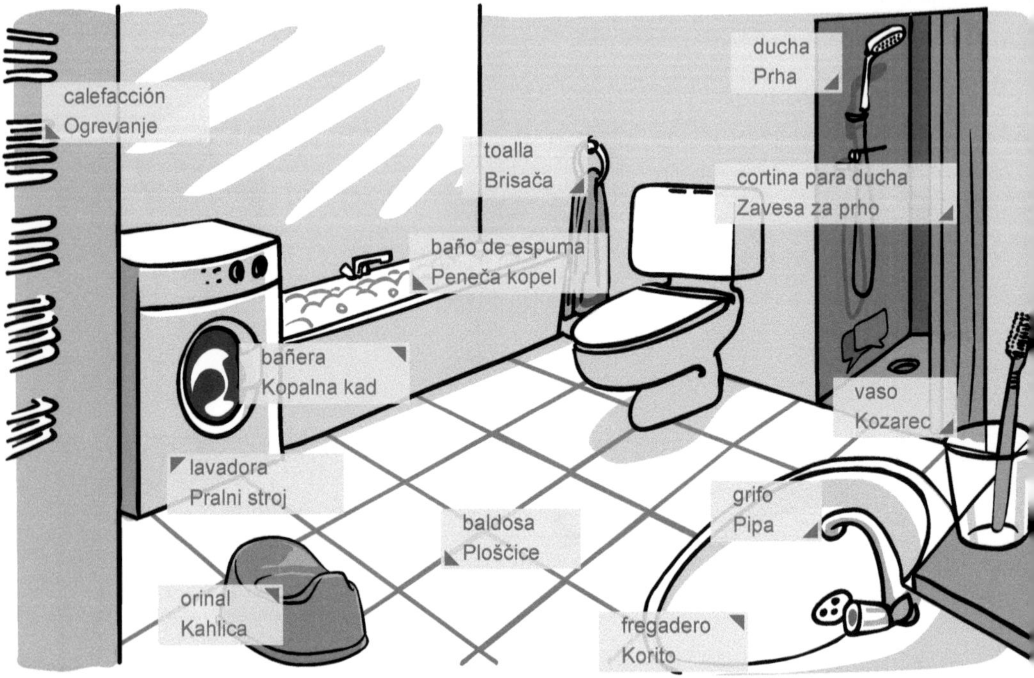

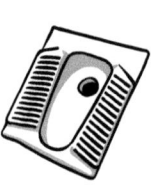

cuarto de baño

Stranišče

placa turca

Stranišče na počep

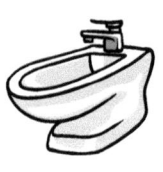

bidé

Bide

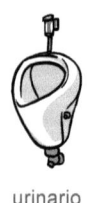

urinario

Pisoar

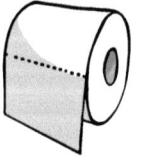

papel higiénico

Toaletni papir

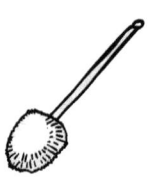

escobilla para el cuarto de baño

Ščetka za straniščno školjko

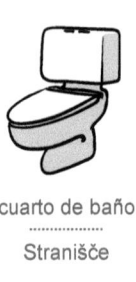

cepillo de dientes

Zobna ščetka

pasta dentífrica

Zobna pasta

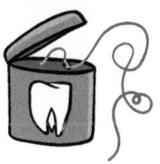

seda dental

Zobna nitka

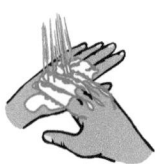

lavar

Umiti se

ducha teléfono

Ročna prha

ducha higiénica

Prha za intimne dele

cuenco

Umivalnik

cepillo para la espalda

Krtača za hrbet

jabón

Milo

gel de ducha

Gel za prhanje

champú

Šampon

manopla para baño

Krpica za miljenje

desagüe

Odtok

crema

Krema

desodorante

Deodorant

espejo

Ogledalo

espejo de maquillaje

Ročno ogledalo

máquina de afeitar

Britvica

espuma de afeitar

Pena za britje

loción para después del afeitado

Vodica po britju

peine

Glavnik

cepillo

Ščetka

secador para cabello

Sušilnik za lase

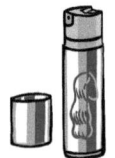

laca de peinado

Lak za lase

maquillaje

Ličila

lápiz labial

Šminka

laca para uñas

Lak za nohte

algodón

Vatirane blazinice

tijera para uñas

Škarjice za nohte

perfume

Parfum

neceser

Toaletna torbica

taburete

Stol brez naslonjala

balanza

Osebna tehtnica

bata de baño

Kopalni plašč

guantes de goma

Gumijaste rokavice

tampón

Tampon

compresa

Damski vložki

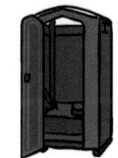

wáter químico

Kemično stranišče

# cuarto de los niños
## Otroška soba

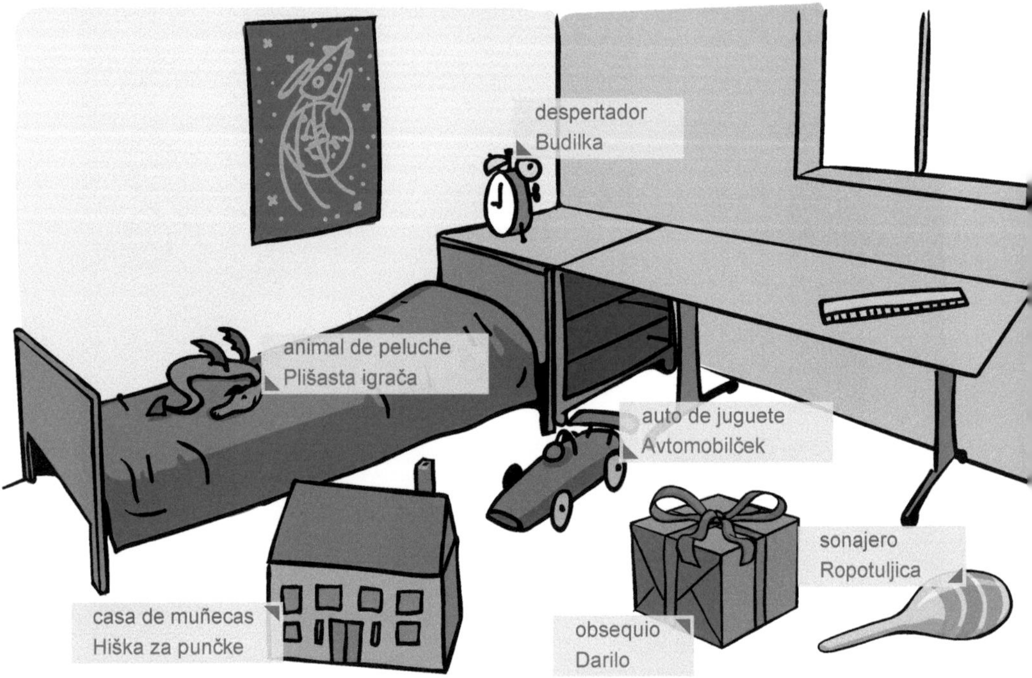
despertador
Budilka
animal de peluche
Plišasta igrača
auto de juguete
Avtomobilček
sonajero
Ropotuljica
casa de muñecas
Hiška za punčke
obsequio
Darilo

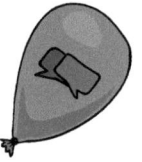

globo

Balon

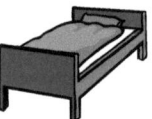

cama

Postelja

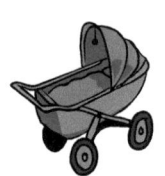

cochecito para niños

Otroški voziček

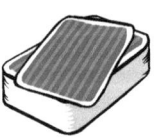

juego de barajas

Igralne karte

rompecabezas

Sestavljanka

SUPER
MEGA

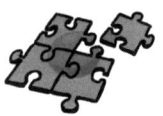

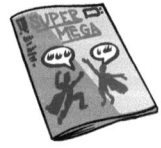

cómic

Strip

piezas do Logo

Lego kocke

bloques para jugar

Igralne kocke

figura de acclón

Akcijska figura

pijama de una pieza

Bodi

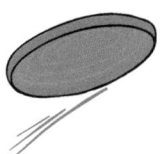

frisbee

Frizbi

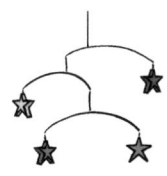

móvil

Vrtiljak za posteljico

juego de mesa

Namizna igra

dado

Kocka

tren eléctrico a escala

Komplet modelov vlakov

chupete

Duda

fiesta

Zabava

libro de dibujos

Slikanica

pelota

Žoga

títere

Lutka

jugar

Igrati se

arenero

Peskovnik

columpio

Gugalnica

juguetes

Igrače

consola de videojuego

Igralna konzola

triciclo

Tricikel

osito de peluche

Plišasti medvedek

guardarropa

Garderoba

## vestimenta
## Oblačilo

calcetines

Nogavice

medias

Samostoječe nogavice

panti

Hlačne nogavice

chal
Šal

paraguas
Dežnik

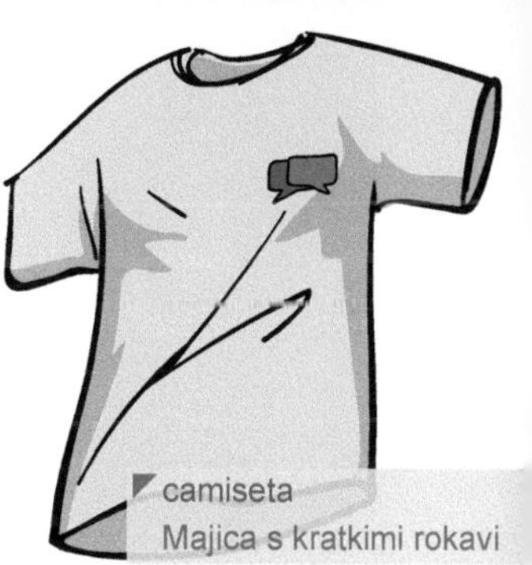

camiseta
Majica s kratkimi rokavi

cinturón
Pas

botas
Škornji

zapatilla
Copati

deportivas
Športni copati

sandalias

Sandali

zapatos

Čevlji

botas de goma

Gumijasti škornji

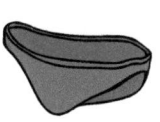

ropa interior

Spodnje hlače

corpiño

Modrček

camiseta

Telovnik

vestimenta - Oblačilo

45

body
Bodi

pantalón
Hlače

jeans
Kavbojke

falda
Krilo

blusa
Bluza

camisa
Srajca

pullover
Pulover

sweater
Pletena jopica

blazer
Jopa

chaqueta
Jakna

abrigo
Plašč

impermeable
Dežni plašč

traje chaqueta
Kostim

vestido
Obleka

vestido de bodas
Poročna obleka

traje

Obleka

camisón

Spalna srajca

pijama

Pižama

sari

Sari

pañuelo de cabeza

Naglavna ruta

turbante

Turban

burka

Burka

caftán

Kaftan

abaya

Abaja

traje de baño

Kopalke

bañador

Kopalne hlače

shorts

Kratke hlače

chándal

Trenirka

delantal

Predpasnik

guante

Rokavice

botón

Gumb

gafa

Očala

brazalete

Zapestnica

cadena

Verižica

anillo

Prstan

aro

Uhan

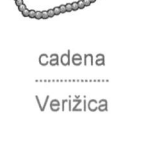

gorra

Kapa

percha

Obešalnik

sombrero

Klobuk

corbata

Kravata

cierre a cremallera

Zadrga

casco

Čelada

tiradores

Naramnice

uniforme escolar

Šolska uniforma

uniforme

Uniforma

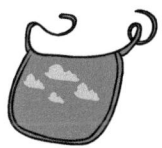

babero

Slinček

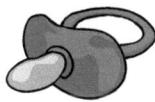

chupete

Duda

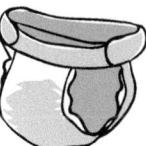

pañal

Plenica

# oficina
# Pisarna

servidor
Strežnik
archivador
Kartotečna omara
impresora
Tiskalnik
papel
Papir
monitor
Monitor
ratón
Miška
escritorio
Pisalna miza
carpeta
Mapa
teclado
Tipkovnica
cesto de papeles
Koš za smeti
ordenador
Računalnik
silla
Stol

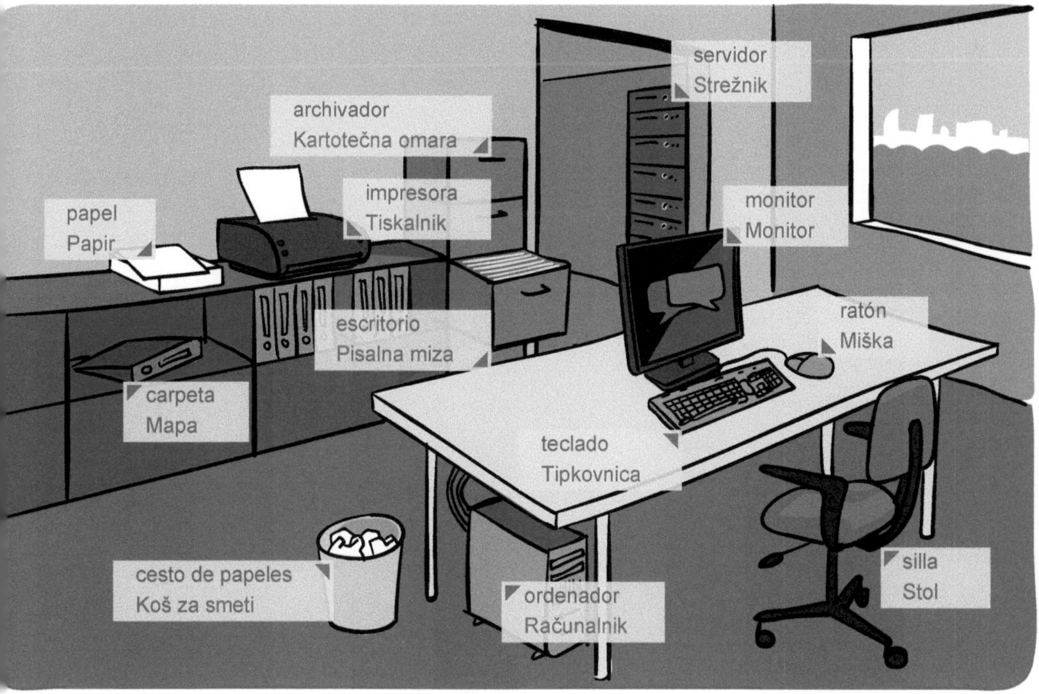

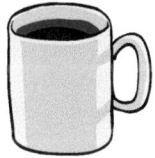

taza de café

Lonček za kavo

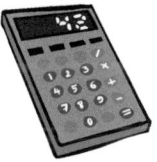

calculadora

Kalkulator

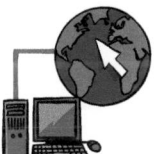

internet

Internet

laptop

Prenosnik

carta

Pismo

mensaje

Sporočilo

teléfono móvil

Mobilnik

red

Omrežje

fotocopiadora

Kopirni stroj

software

Programska oprema

teléfono

Telefon

tomacorriente

Vtičnica

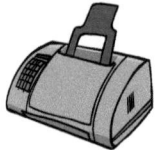

máquina de fax

Telefaks

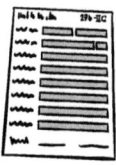

formulario

Obrazec

documento

Dokument

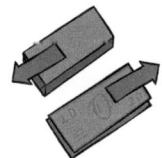

comprar

Kupiti

pagar

Plačati

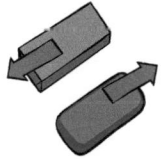

comerciar

Trgovati

dinero

Denar

**USD**

dólar

Dolar

**EUR**

euro

Evro

**JPY**

yen

Jen

**RUB**

rublo

Rubelj

**CHF**

franco

Švičarski frank

**CNY**

renminbi

Kitajski juan renminbi

**INR**

rupia

Rupija

cajero automático

Bankomat

casa de cambio

Menjalnica

oro

Zlato

plata

Srebro

petróleo

Nafta

energía

Energija

precio

Cena

contrato

Pogodba

impuesto

Davek

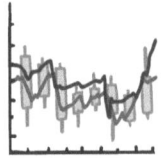

acción

Delnice

trabajar

Delati

empleado

Delojemalec

empleador

Delodajalec

fábrica

Tovarna

negocio

Trgovina

# ocupaciones
# Poklici

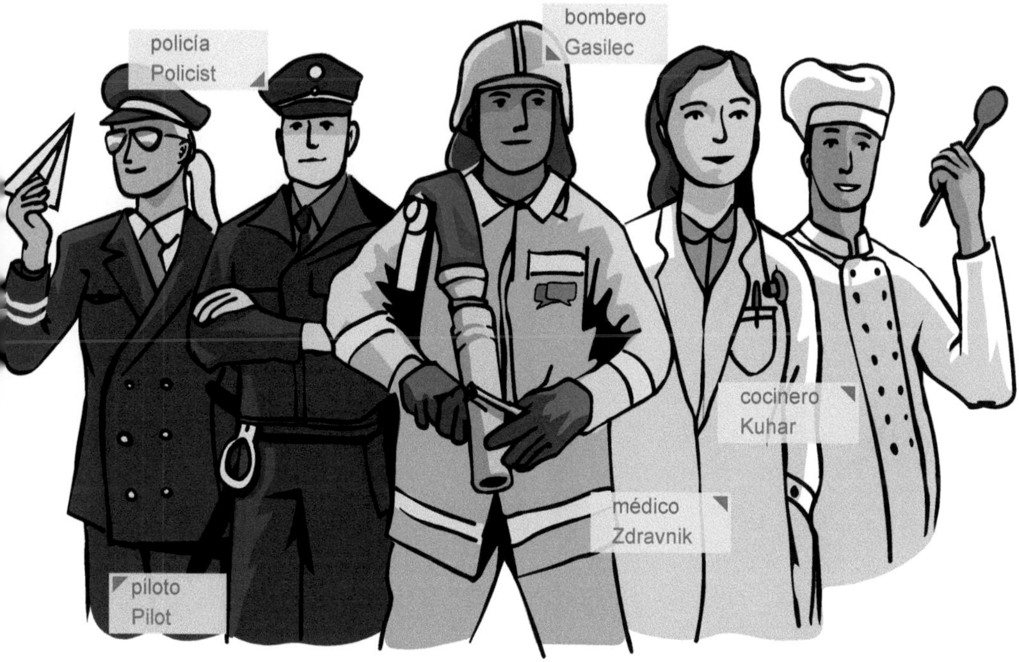
policía
Policist
bombero
Gasilec
cocinero
Kuhar
médico
Zdravnik
piloto
Pilot

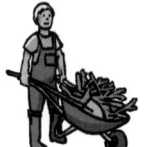

jardinero
Vrtnar

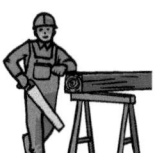

carpintero
Mizar

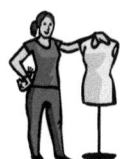

costurera
Šivilja

juez
Sodnik

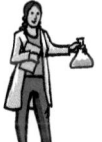

químico
Kemik

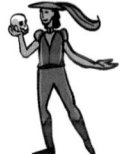

actor
Igralec

conductor de autobús

Voznik avtobusa

taxista

Taksist

pescador

Ribič

mujer de la limpieza

Čistilka

techista

Krovec

camarero

Natakar

cazador

Lovec

pintor

Pleskar

panadero

Pek

electricista

Električar

albañil

Gradbenik

ingeniero

Inženir

carnicero

Mesar

fontanero

Vodovodni inštalater

cartero

Poštar

soldado

Vojak

arquitecto

Arhitekt

cajero

Blagajnik

florista

Cvetličar

peluquero

Frizer

cobrador

Sprevodnik

mecánico

Mehanik

capitán

Kapitan

odontólogo

Zobozdravnik

científico

Znanstvenik

rabino

Rabin

imam

Imam

monje

Menih

párroco

Duhovnik

# herramientas
# Orodje

martillo
Kladivo
tenazas
Klešče
destornillador
Izvijač
llave de tuercas
Vijačni ključ
lámpara de mes
Žepna svetilka


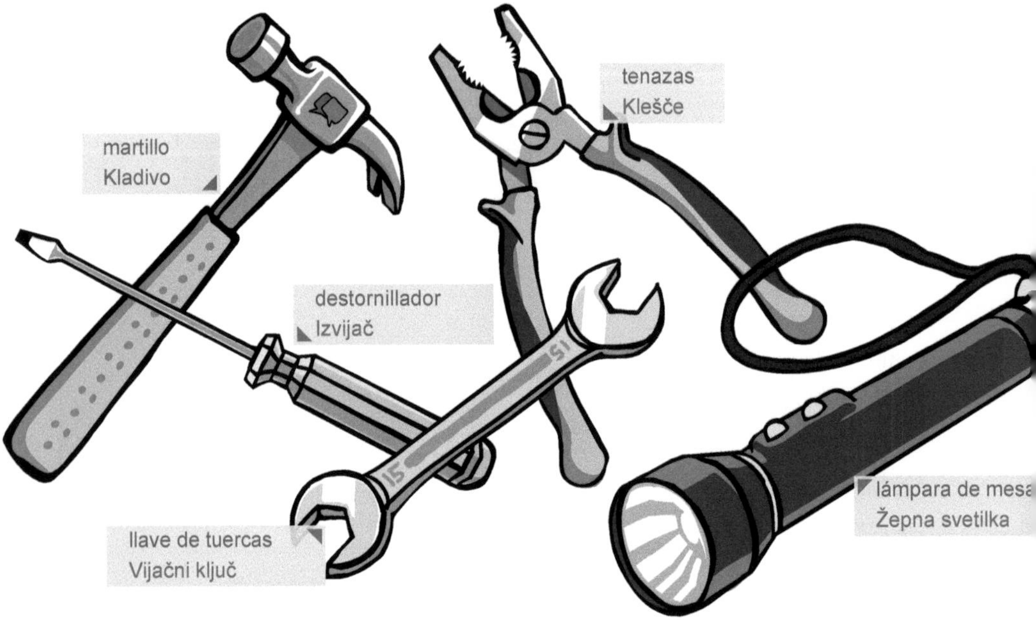

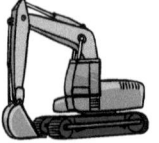

excavadora
Bager

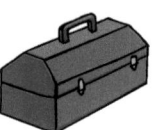

caja de herramientas
Zaboj z orodjem

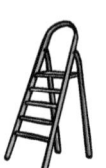

escalerilla
Lestev

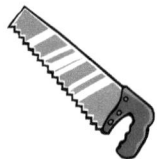

serrucho
Žaga

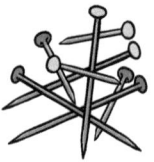

clavos
Žeblji

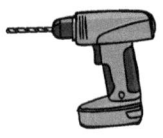

taladro
Vrtalnik

reparar

Popraviti

pala

Lopata

¡Maldición!

Šment!

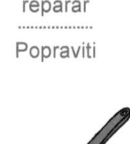

recogedor

Smetišnica

lata de pintura

Posoda z barvo

tornillos

Vijaki

## instrumentos musicales

## Glasbeni instrument

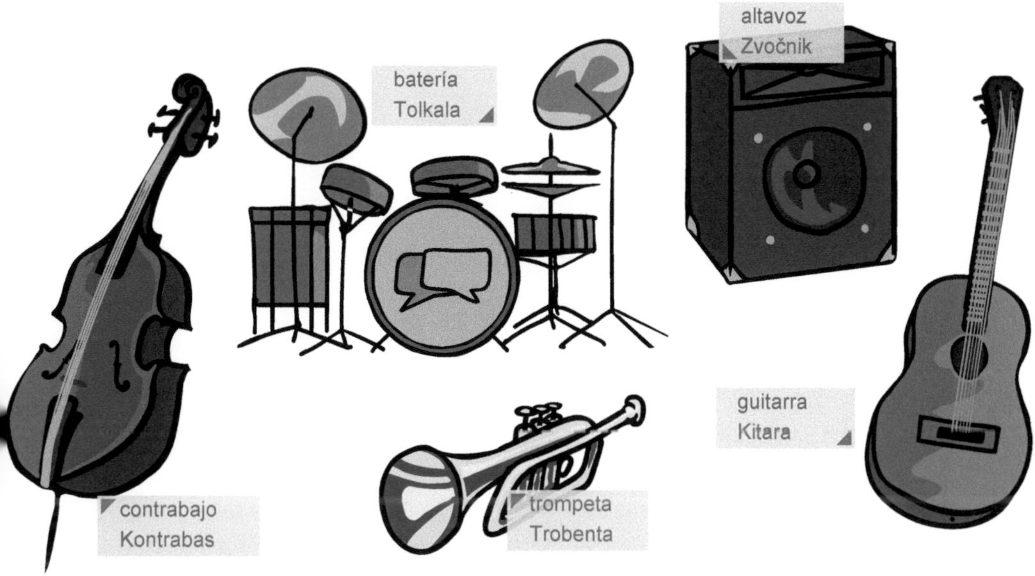

altavoz
Zvočnik

batería
Tolkala

contrabajo
Kontrabas

trompeta
Trobenta

guitarra
Kitara

piano

Klavir

violín

Violina

bajo

Bas kitara

timbales

Pavke

tambor

Bobni

teclado

Sintetizator

saxofón

Saksofon

flauta

Flavta

micrófono

Mikrofon

# zoológico
# Živalski vrt

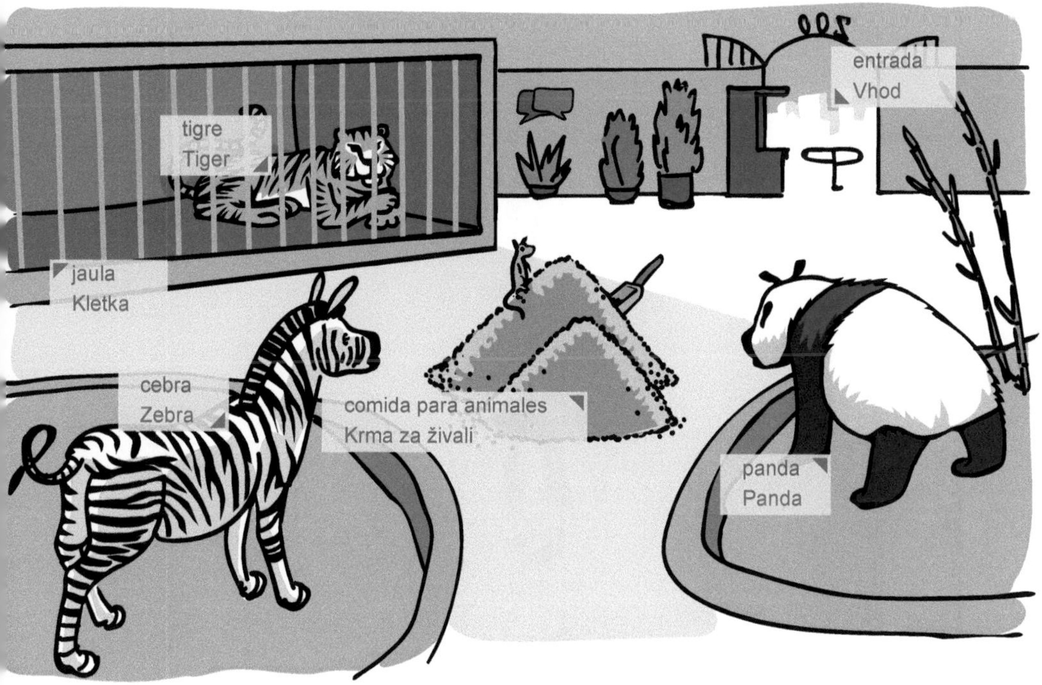

entrada
Vhod
tigre
Tiger
jaula
Kletka
cebra
Zebra
comida para animales
Krma za živali
panda
Panda


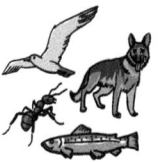

animales
Živali

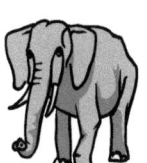

elefante
Slon

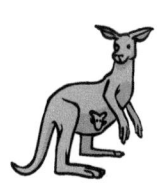

canguro
Kenguru

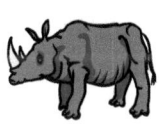

rinoceronte
Nosorog

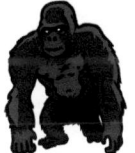

gorila
Gorila

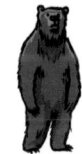

oso
Medved

camello

Kamela

avestruz

Noj

león

Lev

mono

Opica

flamengo

Plamenec

papagayo

Papagaj

oso polar

Severni medved

pingüino

Pingvin

tiburón

Morski pes

pavo real

Pav

serpiente

Kača

cocodrilo

Krokodil

cuidador del zoológico

Oskrbnik v živalskem vrtu

foca

Tjulenj

jaguar

Jaguar

pony

Poni

leopardo

Leopard

hIpopótamo

Povodni konj

jirafa

Žirafa

águila

Orel

jabalí

Divji prašič

pescado

Riba

tortuga

Želva

morsa

Mrož

zorro

Lisica

gacela

Gazela

fútbol americano
Ameriški nogomet

ciclismo
Kolesarjenje

tenis
Tenis

baloncesto
Košarka

natación
Plavanje

hockey sobre hielo
Hokej

boxeo
Boks

fútbol
Nogomet

badminton
Badminton

atletismo
Atletika

balonmano
Rokomet

esquí
Smučanje

polo
Polo

# actividades
## Dejavnosti

saltar
Skočiti
abrazar
Objeti
reír
Smejati se
caminar
Hoditi
cantar
Peti
soñar
Sanjati
rezar
Moliti
besar
Poljubiti


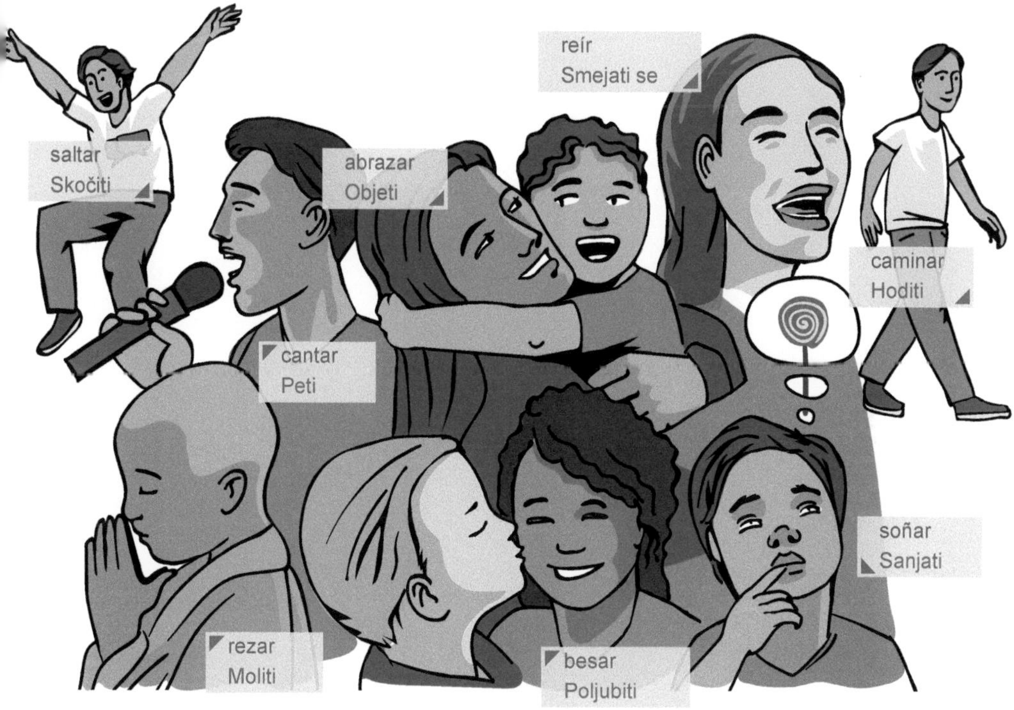

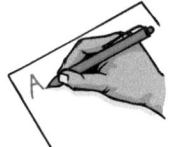

escribir

Pisati

dibujar

Risati

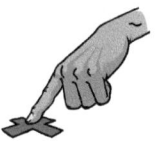

mostrar

Pokazati

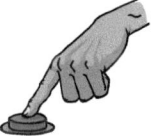

presionar

Potisniti

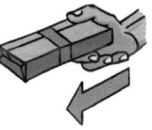

dar

Dati

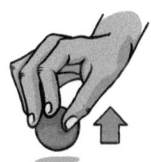

tomar

Vzeti

tener
Imeti

hacer
Narediti

ser
Biti

estar de pie
Stati

correr
Teči

tirar
Vleči

arrojar
Vreči

caer
Pasti

estar acostado
Ležati

esperar
Čakati

llevar
Nositi

estar sentado
Sedeti

vestirse
Obleči se

dormir
Spati

despertar
Zbuditi se

actividades - Dejavnosti

mirar

Gledati

llorar

Jokati

acariciar

Božati

peinarse

Česati se

conversar

Govoriti

entender

Razumeti

preguntar

Vprašati

oír

Poslušati

beber

Piti

comer

Jesti

asear

Pospraviti

amar

Ljubiti

cocinar

Kuhati

conducir

Voziti

volar

Leteti

navegar

Jadrati

calcular

Računanje

leer

Brati

aprender

Učiti se

trabajar

Delati

casarse

Poročiti se

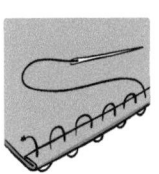

coser

Šivati

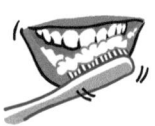

limpiarse los dientes

Ščetkati si zobe

matar

Ubiti

fumar

Kaditi

enviar

Poslati

abuela
Stara mati

abuelo
Stari oče

padre
Oče

madre
Mati

bebé
Dojenček

hija
Hči

hijo
Sin

invitado
Gost

tía
Teta

tío
Stric

hermano
Brat

hermana
Sestra

# cuerpo

# Telo

frente
Čelo
ojo
Oko
hombro
Rama
dedo
Prst
cara
Obraz
barbilla
Brada
mano
Dlan
pierna
Noga
pecho
Prsi
brazo
Roka

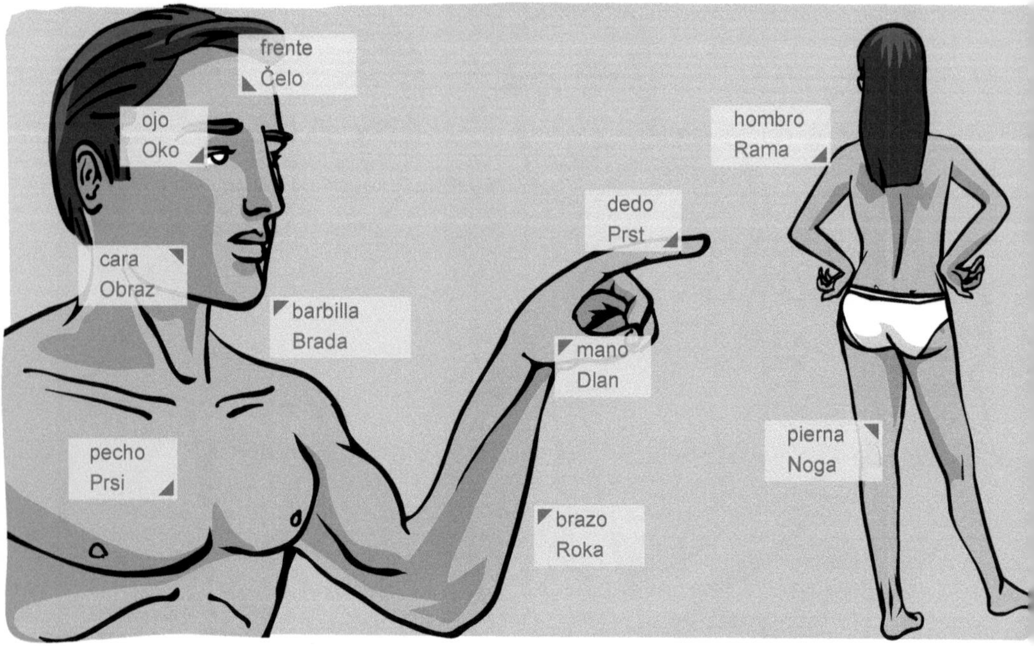

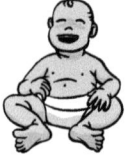

bebé

Dojenček

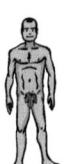

hombre

Človek

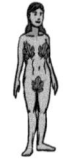

mujer

Ženska

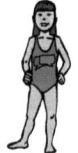

muchacha

Dekle

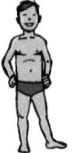

joven

Fant

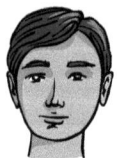

cabeza

Glava

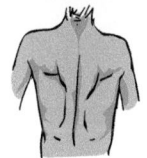

espalda

Hrbet

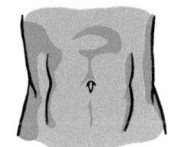

vientre

Trebuh

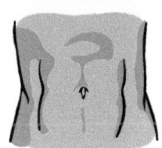

ombligo

Popek

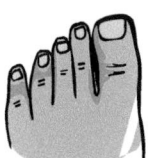

dedo del pie

Prst na nogi

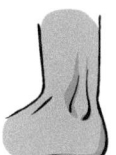

talón

Peta

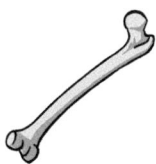

hueso

Kost

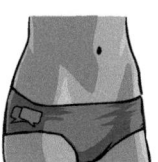

cadera

Kolk

rodilla

Koleno

codo

Komolec

nariz

Nos

trasero

Zadnjica

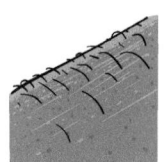

piel

Koža

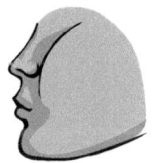

mejilla

Lice

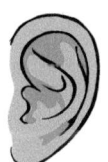

oreja

Uho

labio

Ustnica

cuerpo - Telo

boca

Usta

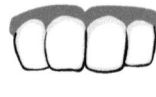

diente

Zob

lengua

Jezik

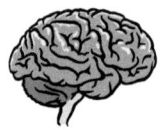

cerebro

Možgani

corazón

Srce

músculo

Mišica

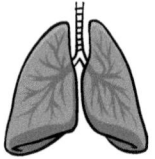

pulmón

Pljuča

hígado

Jetra

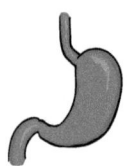

estómago

Želodec

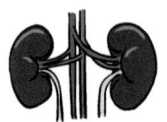

riñones

Ledvice

relación sexual

Spolni odnos

condón

Kondom

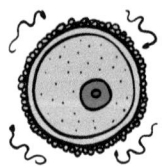

Óvulo

Jajčece

esperma

Semenska tekočina

embarazo

Nosečnost

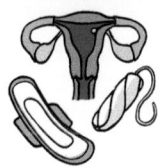

menstruación

Menstruacija

vagina

Vagina

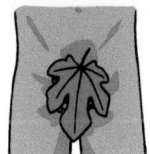

pene

Penis

ceja

Obrv

cabello

Lasje

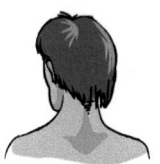

cuello

Vrat

# hospital
# Bolnišnica

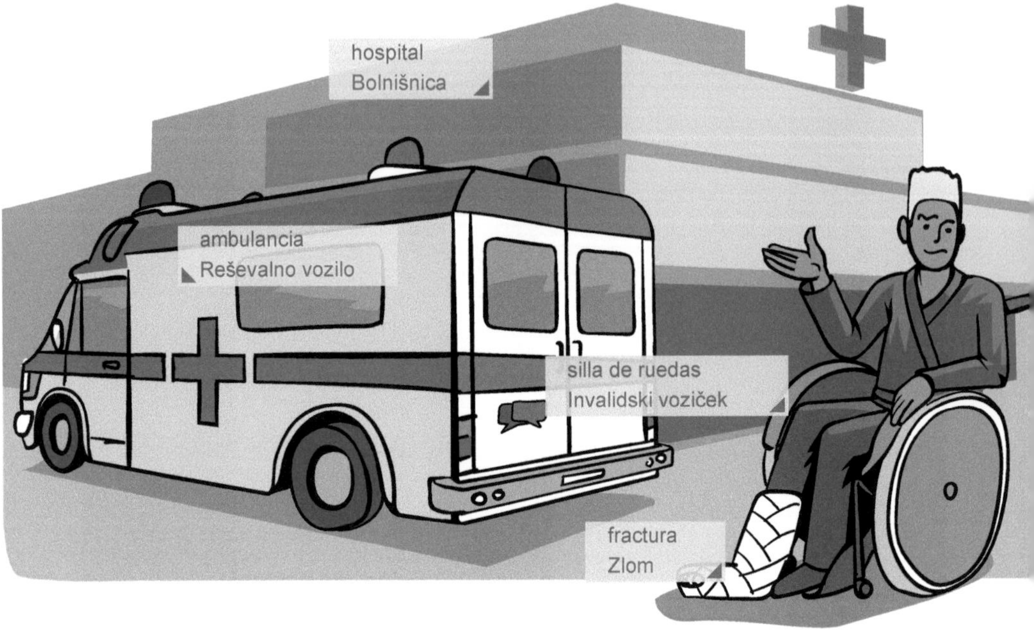

hospital
Bolnišnica
ambulancia
Reševalno vozilo
silla de ruedas
Invalidski voziček
fractura
Zlom

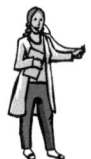

médico

Zdravnik

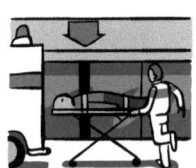

admisión de urgencia

Urgenca

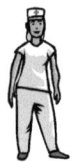

enfermera

Medicinska sestra

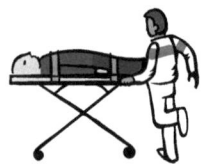

emergencia

Nujni primer

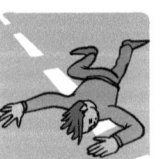

inconsciente

Nezavesten

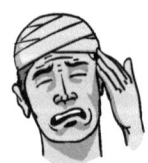

dolor

Bolečina

lesión
..................
Poškodba

hemorragia
..................
Krvavenje

infarto de miocardio
..................
Srčni infarkt

apoplejía cerebral
..................
Kap

alergia
..................
Alergija

tos
..................
Kašelj

fiebre
..................
Vročina

gripe
..................
Gripa

diarrea
..................
Driska

dolor de cabeza
..................
Glavobol

cáncer
..................
Rak

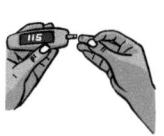

diabetes
..................
Sladkorna bolezen

cirujano
..................
Kirurg

escalpelo
..................
Skalpel

operación
..................
Operacija

TC
CT

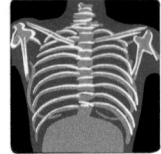

rayos X
Rentgen

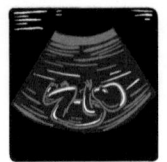

ultrasonido
Ultrazvok

máscara
Obrazna maska

enfermedad
Bolezen

sala de espera
Čakalnica

muleta
Bergla

emplasto
Obliž

vendaje
Preveza

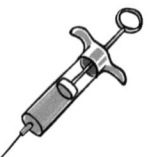

inyección
Injekcija

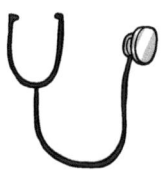

estetoscopio
Stetoskop

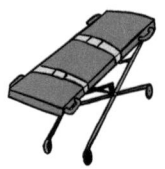

camilla
Nosila

termómetro
Klinični termometer

nacimiento
Porod

sobrepeso
Prekomerna teža

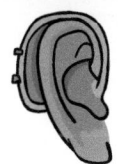

audífono
...............
Slušni pripomoček

desinfectante
...............
Razkužilo

infección
...............
Okužba

virus
...............
Virus

VIH / SIDA
...............
HIV / AIDS

medicina
...............
Medicina

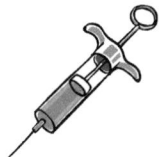

vacunación
...............
Cepljenje

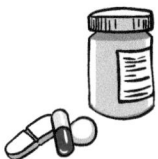

comprimido
...............
Tablete

píldora anticonceptiva
...............
Tableta

llamada de emergencia
...............
Klic v sili

medidor de presión arterial
...............
Merilnik krvnega tlaka

enfermo / saludable
...............
bolano / zdravo

¡Ayuda!

Na pomoč!

alarma

Alarm

asalto

Napad

ataque

Napad

peligro

Nevarnost

salida de emergencia

Izhod v sili

¡Fuego!

Gori!

extintor

Gasilni aparat

accidente

Nezgoda

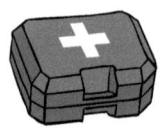

kit de primeros auxilios

Komplet za prvo pomoč

SOS

SOS

Policía

Policija

Europa

Evropa

América del Norte

Severna Amerika

América del Sur

Južna Amerika

África

Afrika

Asia

Azija

Australia

Avstralija

Atlántico

Atlantski ocean

Pacífico

Tihi ocean

Océano Índico

Indijski ocean

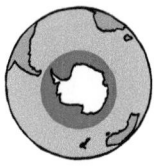

Océano Antártico

Južni ocean

Océano Ártico

Arktični ocean

Polo Norte

Severni tečaj

Polo Sur

Južni tečaj

Antártida

Antarktika

Tierra

Zemlja

país

Kopno

mar

Morje

isla

Otok

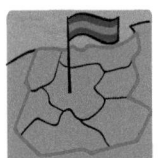

nación

Narod

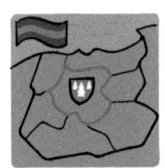

Estado

Država

cuadrante

Številčnica

horario

Urni kazalec

minutero

Minutni kazalec

segundero

Sekundni kazalec

¿Qué hora es?

Koliko je ura?

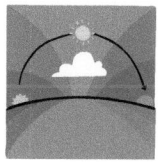

día

Dan

tiempo

Čas

ahora

Zdaj

reloj digital

Digitalna ura

minuto

Minuta

hora

Ura

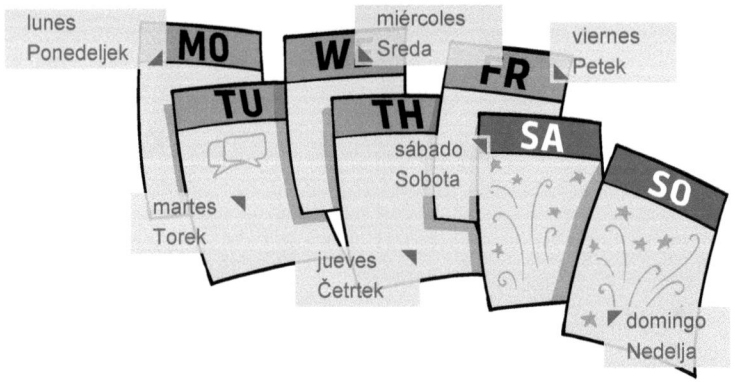

lunes
Ponedeljek

miércoles
Sreda

viernes
Petek

martes
Torek

jueves
Četrtek

sábado
Sobota

domingo
Nedelja

ayer

Včeraj

hoy

Danes

mañana

Jutri

mañana

Jutro

mediodía

Poldne

tarde

Večer

| MO | TU | WE | TH | FR | SA | SU |
|----|----|----|----|----|----|----|
| 1 | 2 | 3 | 4 | 5 | 6 | 7 |
| 8 | 9 | 10 | 11 | 12 | 13 | 14 |
| 15 | 16 | 17 | 18 | 19 | 20 | 21 |
| 22 | 23 | 24 | 25 | 26 | 27 | 28 |
| 29 | 30 | 31 | 1 | 2 | 3 | 4 |

jornada de trabajo

Delovni dnevi

| MO | TU | WE | TH | FR | SA | SU |
|----|----|----|----|----|----|----|
| 1 | 2 | 3 | 4 | 5 | 6 | 7 |
| 8 | 9 | 10 | 11 | 12 | 13 | 14 |
| 15 | 16 | 17 | 18 | 19 | 20 | 21 |
| 22 | 23 | 24 | 25 | 26 | 27 | 28 |
| 29 | 30 | 31 | 1 | 2 | 3 | 4 |

fin de semana

Konec tedna

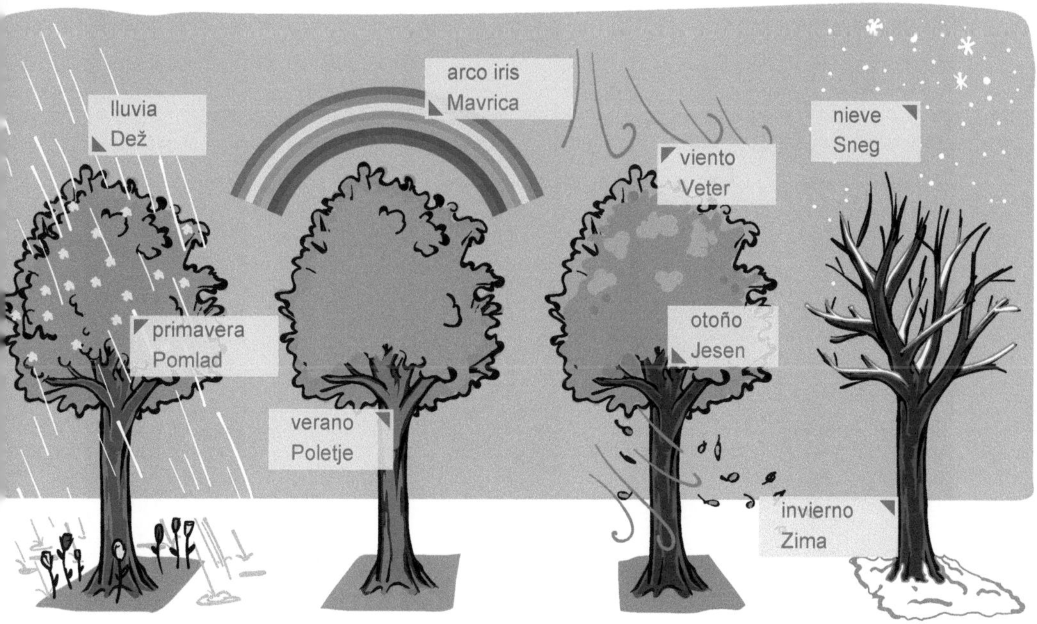
lluvia
Dež
arco iris
Mavrica
nieve
Sneg
viento
Veter
primavera
Pomlad
otoño
Jesen
verano
Poletje
invierno
Zima

4.APRIL 11°
5.APRIL 4°
6.APRIL 13°
7.APRIL 8°
8.APRIL 10°

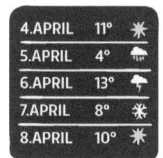

pronóstico meteorológico

Vremenska napoved

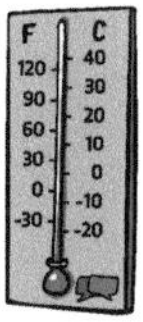
F C
120 40
90 30
60 20
30 10
0 0
-30 -10
-20

termómetro

Termometer

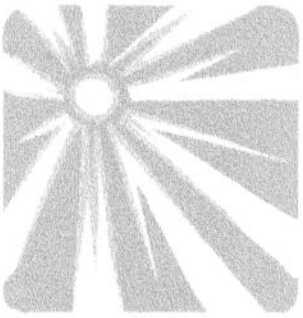

luz solar

Sončna svetloba

nube

Oblak

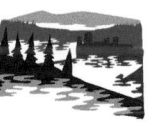

niebla

Megla

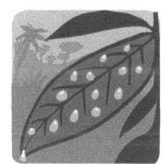

humedad ambiente

Vlažnost

relámpago
Strela

trueno
Grom

tormenta
Nevihta

granizo
Toča

monzón
Monsun

inundación
Poplava

hielo
Led

enero
Januar

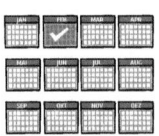

febrero
Februar

marzo
Marec

abril
April

mayo
Maj

junio
Junij

julio
Julij

agosto
Avgust

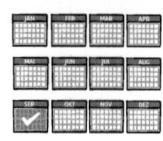

septiembre
·················
September

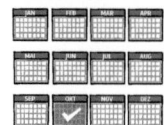

octubre
·················
Oktober

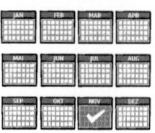

noviembre
·················
November

diciembre
·················
December

círculo
·················
Krogla

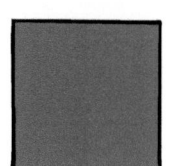

cuadrado
·················
Kvadrat

rectángulo
·················
Pravokotnik

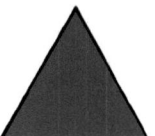

triángulo
·················
Trikotnik

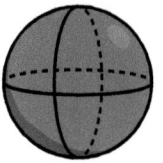

esfera
·················
Krogla

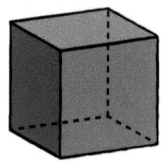

cubo
·················
Kocka

blanco
Bela

amarillo
Rumena

anaranjado
Oranžna

rosa
Rožnata

rojo
Rdeča

lila
Vijolična

azul
Modra

verde
Zelena

marrón
Rjava

gris
Siva

negro
Črna

mucho / poco

veliko / malo

enojado / calmado

jezno / umirjeno

bonito / feo

lepo / grdo

comienzo / fin

začetek / konec

grande / pequeño

veliko / majhno

claro / oscuro

svetlo / temno

hermano / hermana

brat / sestra

limpio / sucio

čisto / umazano

completo / incompleto

popolno / nepopolno

día / noche

dan / noč

muerto / vivo

mrtvo / živo

ancho / angosto

široko / ozko

disfrutable / no disfrutable

užitno / neužitno

malo / amigable

zlobno / prijazno

excitado / aburrido

vznemirjeno / zdolgočaseno

gordo / delgado

debelo / vitko

primero / último

prvo / zadnje

amigo / enemigo

prijatelj / sovražnik

lleno / vacío

polno / prazno

duro / suave

trdo / mehko

pesado / liviano

težko / lahko

hambre / sed

lakota / žeja

enfermo / saludable

bolano / zdravo

ilegal / legal

nezakonito / zakonito

inteligente / tonto

pametno / neumno

izquierda / derecha

levo / desno

cercano / lejano

blizu / daleč

nuevo / usado
......................
novo / rabljeno

nada / algo
......................
nič / nekaj

viejo / joven
......................
staro / mlado

encendido / apagado
......................
vklopljeno / izklopljeno

abierto / cerrado
......................
odprto / zaprto

bajo / fuerte
......................
tiho / glasno

rico / pobre
......................
bogato / revno

correcto / incorrecto
......................
prav / narobe

áspero / liso
......................
grobo / gladko

triste / alegre
......................
žalostno / veselo

breve / extenso
......................
kratko / dolgo

lento / veloz
......................
počasi / hitro

mojado / seco
......................
mokro / suho

caliente / frío
......................
toplo / hladno

guerra / paz
......................
vojna / mir

| **0** | **1** | **2** |
|---|---|---|
| cero | uno | dos |
| Nična | Ena | Dva |

| **3** | **4** | **5** |
|---|---|---|
| tres | cuatro | cinco |
| Tri | Štiri | Pet |

| **6** | **7** | **8** |
|---|---|---|
| seis | siete | ocho |
| Šest | Sedem | Osem |

| **9** | **10** | **11** |
|---|---|---|
| nueve | diez | once |
| Devet | Deset | Enajst |

**12**

doce

Dvanajst

**13**

trece

Trinajst

**14**

catorce

Štirinajst

**15**

quince

Petnajst

**16**

dieciséis

Šestnajst

**17**

diecisiete

Sedemnajst

**18**

dieciocho

Osemnajst

**19**

diecinueve

Devetnajst

**20**

veinte

Dvajset

**100**

cien

Sto

**1.000**

mil

Tisoč

**1.000.000**

millón

Milijon

inglés

Angleščina

inglés estadounidense

Ameriška angleščina

chino mandarín

Mandarinščina

hindi

Hindujščina

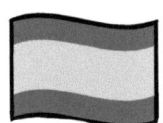

español

Španščina

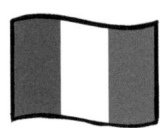

francés

Francoščina

árabe

Arabščina

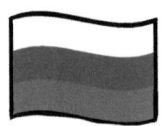

ruso

Ruščina

portugués

Portugalščina

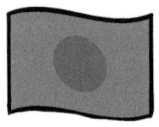

bengalí

Bengalščina

alemán

Nemščina

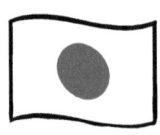

japonés

Japonščina

yo

Jaz

tú

Ti

él / ella

On / ona / tisto

nosotros

Mi

vosotros

Vi

ellos

Oni

¿quién?

Kdo?

¿qué?

Kaj?

¿cómo?

Kako?

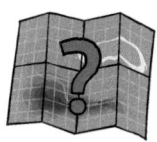

¿dónde?

Kje?

¿cuándo?

Kdaj?

nombre

Ime

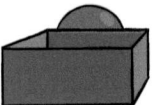

detrás

Zadaj

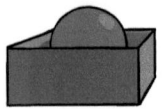

en

V

delante de

Pred

encima de

Nad

sobre

Na

debajo de

Pod

junto a

Poleg

entre

Med

lugar

Kraj